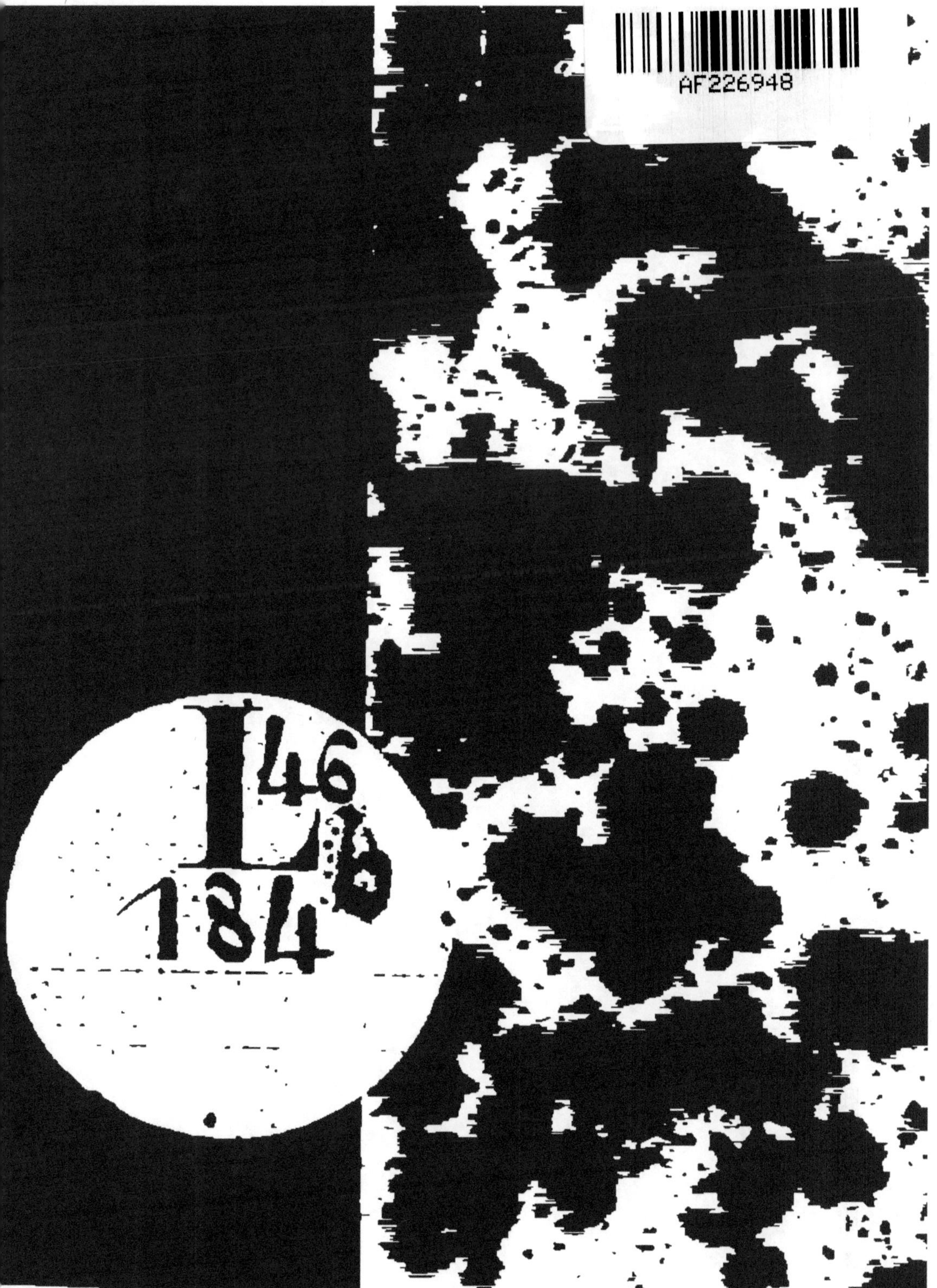
AF226948
L46
184 b

46

Lb 184.

OBSERVATIONS

SUR

L'ACTE ADDITIONNEL

AUX CONSTITUTIONS DE L'EMPIRE,

ET

SUR NOTRE SITUATION POLITIQUE.

PAR M. B....

Membre du Collége Electoral de Metz, de l'Académie de Nancy,
et de plusieurs autres Sociétés savantes, nationales et étrangères.

DE L'IMPRIMERIE DE A. BELIN.

PARIS,

DELAUNAY, Palais Royal, Galeries de bois, n°. 244;

BLANCHARD, Passage Montesquiou;

Et les Marchands de Nouveautés.

M. DCCC. XV.

AVERTISSEMENT.

Cet opuscule a été composé immédiatement après la publication de l'Acte additionnel aux Constitutions de l'Empire : je me proposai de le faire imprimer de suite dans la forme où il paraît actuellement. Un littérateur homme d'État, qui m'honore de son amitié, et auquel je le communiquai, me conseilla de le faire paraître dans le Moniteur, qui devait l'imprimer ; mais la multiplicité, l'importance et la marche rapide des événements politiques ont empêché l'estimable rédacteur de ce Journal de trouver l'espace nécessaire pour l'insertion d'un Essai que je composai en même temps que l'éloquent et judicieux M. Sismonde de Sismondi approfondissait la même matière avec toute la force d'un talent supérieur. Cependant, l'époque de la convocation de l'auguste Assemblée des Représentants de la Nation, celle de l'Assemblée du Champ de Mai, approchait. Appelé moi-même à cette dernière assemblée en qualité de membre du Collége électoral de Metz, je crois devoir aussi payer à la Patrie le faible tribut de mes lumières, en ce moment à jamais mémorable qui doit cimenter l'union de la Nation avec le Souverain et la dynastie qu'elle a choisie ; de la monarchie avec la liberté ; de la gloire et de la puissance, avec la paix et l'humanité. Obligé de choisir entre le sacrifice de mon amour-propre, en me livrant à des raisonnements en grande partie déjà développés par les plus estimables publicistes , ou de garder un silence complet , dans un instant où tout sincère patriote doit à sa conscience et à sa dignité l'expression libre de sa pensée et de ses sentiments , mon choix n'a pu être douteux. Je publie donc cet opuscule à peu près dans la forme où il devait paraître. Puissent les espérances auxquelles je me livre comme français , se réaliser bientôt! Heureux d'ailleurs , ou frustré dans mes plus chers vœux personnels , je trouverais , comme je l'avais dit ailleurs , dans la conscience de la félicité publique , la plus douce des compensations ou le complément de ma félicité.

OBSERVATIONS

SUR

L'ACTE ADDITIONNEL

AUX CONSTITUTIONS DE L'EMPIRE,

ET SUR NOTRE SITUATION POLITIQUE.

L'ACTE additionnel aux Constitutions de l'Empire fixe en ce moment les regards et remplit l'espoir de l'immense majorité des Français; mais il faut dissiper des scrupules, détruire des erreurs et des préjugés; il faut prouver, s'il est possible, à la nation entière, que ce n'est pas seulement pour échapper au fléau d'une nouvelle réaction, ou à celui du retour de l'anarchie, ou aux désastres d'une invasion étrangère, qu'il faut se hâter de donner au pacte émané du Souverain choisi par la nation au sortir de ses troubles civils, une véritable légitimité; mais que ce pacte renferme toutes les garanties propres à préserver du despotisme, du pouvoir absolu et du danger des factions populaires, et que, plus que toutes les autres Chartes constitutionnelles dont nous avons fait les épreuves successives, il résout le problême difficile de l'union de l'autorité monarchique avec la liberté nationale, du balancement et de l'équilibre des pouvoirs, et assure la liberté, l'égalité et le repos du citoyen. En essayant de le démontrer, je ne laisserai pas cependant que de hasarder quelques observations sur des détails peu importants.

Lorsque, l'année dernière, le gouvernement impérial succomba momentanément sous l'influence combinée de l'immense supériorité des forces liguées contre lui, de la trahison, de la lassitude et du mécontentement des peuples européens, sous le poids de ses propres erreurs, de ses fautes involontaires, tribut inséparable de l'humanité; lorsque les Bourbons reparurent sur l'horizon politique et qu'une Constitution tempérée, un gouvernement libéral, l'oubli du passé, des formes légales et des garanties certaines furent demandés par de vieux et sages amis de la liberté et promis un instant par ceux dont on avait oublié les torts et non les malheurs, je publiai un Essai, en forme de lettre, sur les meilleures lois constitutionnelles à donner pour l'accomplissement de ces espérances (*). Aucun des vœux que je formais alors ne fut rempli; presque rien de ce que je demandais n'eut lieu; presque aucune des garanties que je crus devoir réclamer n'a été accordée. Mais ces mêmes principes que l'on chercha vainement dans l'Acte concessionnaire de la séance royale de 1814, se retrouvent tous dans l'Acte additionnel de la Constitution de l'Empire proposé par S. M. l'Empereur à l'acceptation libre de la nation. L'expression du vœu national ne doit plus rien laisser à désirer aux plus sincères et invariables défenseurs de nos droits fondamentaux et imprescriptibles. La convocation d'une assemblée constituante était indispensable dans les premiers moments de nos troubles civils et de la manifestation de la volonté nationale. Alors aucun principe n'était encore véritablement consacré, les témoignages réitérés de la confiance nationale n'avaient encore revêtu personne d'un caractère essentiellement représentatif. Aujourd'hui un acte énonciatif de principes dont l'importance et les avantages ont été mille fois et solennellement reconnus et proposés à la sanction nationale est proposé par celui que le vœu

---

(*) Lettre à M. le Comte Lanjuinais, avril 1813.

libre et sincère de la France a naguère revêtu
de l'auguste titre de son premier et héréditaire
représentant; ceux qui entourent aujourd'hui ce
trône élevé par la volonté et les intérêts de la
nation, et rétabli sous la condition de garanties
nouvelles, par ses acclamations spontanées et
presque unanimes; ceux qui ont été à même d'é-
clairer le monarque, dans cette conception importante, des secours de leurs lumières, de leur
patriotisme et de leur expérience, sont des
hommes mille fois revêtus des marques les plus
éclatantes de l'estime et de la confiance publique,
et qui dans les belles époques de notre mémorable révolution ont été proclamés glorieusement
parmi les plus fidèles et sages représentants de
la nation. Un pacte proposé sous de tels auspices à l'acceptation libre du peuple, qui par
son vœu lui donnerait le plus suprême degré de
justice et de légitimité, ne porte-t-il pas dans
son émanation, dans ses formes et dans la desti-
nation qui l'attend, tous les caractères les plus
irréfragables d'un acte essentiellement populaire
et national? Du reste, parmi les hommes qui
trouvent dans l'Acte additionnel aux Constitutions de l'Empire le sujet d'observations, de
craintes et de critiques, il est des personnes qui
élevées dans les principes démocratiques des tems

orageux de notre révolution, attachées à ces principes par des sentimens, des convictions et des
souvenirs, ont maintenant presque autant de
peine à se guérir de quelques préjugés produits
par une fausse application de leurs conséquences
les plus rigoureuses, que les ennemis de cette
même révolution éprouvent de difficultés, par
des motifs, il est vrai bien moins louables, à re-
noncer à des préjugés tout contraires. Ces ad-
versaires égarés sont sincères amis de leur pays
et de l'humanité, et plusieurs honorent l'un et
l'autre par de grands talens, de rares vertus et
un courage patriotique. Le système de l'hérédité
de la Chambre des Pairs les effraie particulière-
ment : il faut essayer de dissiper l'erreur de ces
estimables partisans d'un régime purement populaire, et de les ramener de ces fausses et bril-
lantes théories dans les routes pratiques de la
sagesse et de l'expérience.

Il en est d'autres qui naguère encore défenseurs ardents du principe du pouvoir absolu,
proclamaient que l'Ordonnance royale faite par
la Charte constitutionnelle de 1814, n'était
qu'une concession généreuse et volontaire d'une
puissance illimitée par sa nature; ils ne cessaient
d'invoquer ou de justifier les violations de cette
même Charte, foible édifice dépourvu de bases,

et qui n'offrait pour toute garantie contre un pouvoir royal et ministériel , effroyablement énergique, qu'une Chambre de Pairs entièrement dépendante, une Chambre de Députés enchaînée par mille entraves dans sa marche et dans sa composition, d'une Charte qui gardait un silence complet sur la composition et les élémens des assemblées primaires, fondement radical d'une organisation constitutionnelle, sur la formation et les droits des Colléges électoraux, code vicieux et incomplet dont cependant l'observance et le maintien (car le code même le plus imparfait offre encore à l'ordre social des garanties précieuses) fut toujours l'objet des éloquents et généreux discours de ces orateurs citoyens que l'admiration et la reconnaissance publique jugeront toujours dignes de leurs suffrages. Aujourd'hui plusieurs des hommes dont je viens de parler sont devenus les apôtres de la liberté, les champions de la démagogie et du gouvernement le plus populaire possible; ils attaquent comme despotique et illibérale , une constitution où la représentation nationale, pleine de force, d'élan, de jeunesse et de vigueur, offre une barrière insurmontable aux usurpations ministérielles ; où une Chambre haute, impartiale par sa nature et par sa position, devient l'intermédiaire impassible entre le peuple et le souverain, une constitution enfin presque semblable à celle proposée l'année dernière à Louis XVIII, qui l'éluda d'abord pour la rejeter ensuite, et qui comptait parmi ses principaux panégyristes plusieurs des plus anciens et invariables défenseurs de la liberté et de la révolution. Il serait absurde de vouloir convertir des hommes qui se permettent des inconséquences semblables.

Je ne me livrerai pas à une comparaison exacte entre l'Acte additionnel aux Constitutions de l'Empire et la Constitution de l'an 8, improvisée après le 18 brumaire pour remédier promptement aux effets de l'anarchie directoriale. Le Tribunat, créé par cette Charte, avait conservé dans son organisation primitive, le principe d'une action convenable de force et d'indépendance; mais les modifications ultérieures que ce corps eut à subir, sa suppression totale, l'organisation qui fut donnée au Sénat et au Corps législatif par les actes contitutionnels, dont il est peut-être aussi utile pour la solidité future de notre nouvelle et nationale dynastie de consacrer le principe, qu'il est nécessaire dans notre position actuelle d'en changer les effets et les principales dispositions, rendraient cette comparaison trop éminemment avantageuse à notre nouveau code politique. C'est en la comparant d'un côté à la Charte royale de 1814, et quelquefois à la Constitution proposée par le Sénat et refusée par Louis XVIII, que je chercherai à faire apprécier les avantages immenses et décisifs attachés au nouveau Code soumis actuellement à la sanction de la nation française, et en envisageant l'Acte additionnel comme formant un seul tout avec les autres Actes constitutionnels qui se trouvent maintenus, et avec lesquels il est en effet à désirer qu'on le réunisse et qu'on le fonde incessamment pour former un seul ensemble, un code politique indivisible entre ses différentes parties, et dont il doit être désormais également facile à l'esprit, aux yeux et à la mémoire, de concevoir, de retenir les rapports, les divisions et les conséquences.

Les dispositions générales forment la première partie de l'Acte additionnel du 23 avril dernier, et l'hérédité de la Chambre des Pairs est le premier article qui fixe l'attention. C'est contre lui aussi que s'élèvent le plus de préventions et de volontés ; rien n'est plus varié que les motifs qui les inspirent ; en essayant d'apprécier leur force et leur valeur, je me garderai de développer encore une fois les innombrables et immenses avantages attachés à l'utilité de l'hérédité de la Chambre haute. Que me serait-il possible d'ajouter aux raisons et à l'irrésistible logique avec lequelles plusieurs de nos publicistes les plus profonds, et en même tems les plus connus par leur attachement aux principes, à la patrie et à la liberté, ont traité cette importante question ! Qu'ajouter surtout à l'impression que doit produire l'autorité de l'Angleterre, où la Chambre des Pairs, indépendante du Souverain, de la nation, pareille à un rocher inébranlable contre les flots du despotisme et les vagues de l'anarchie, semble dire à tous les deux : *Jusques là vous arriverez, et c'est ici que vos efforts viendront expirer.* Mais c'est aux nouvelles objections contre une institution dont s'enorgueillit le peuple le plus libre de la terre qu'il faut chercher à répondre. L'égalité, disent ils, est blessée par l'injuste et illibérale prérogative accordée à quelques familles ! Étrange erreur ! Toutes les classes de citoyens ne peuvent-ils pas également prétendre à cette éminente dignité personnelle, à cette noble illustration de leur famille ; tous les citoyens n'ont-ils pas la même brillante perspective à espérer de la justice du Souverain, éclairé par la voie de l'opinion publique, pour prix de leurs services, de leurs talents, de leur génie et de leurs vertus civiques ? Le grand capitaine, le magistrat intègre, l'illustre savant,

le sublime poëte , l'éloquent orateur , l'artiste
distingué, le médecin profond et philantrope ,
le sage et judicieux philosophe, l'habile diplomate, le pieux et tolérant prélat, l'industrieux
agriculteur , le généreux et actif négociant, ne
trouvent-ils pas tous pour leur noble et estimable carrière, dans ce prix difficile, mais possible et si glorieux de leurs efforts et de leurs
sacrifices , l'encouragement le plus puisssant ,
le plus doux espoir ou la plus digne récompense ?
L'illustration qu'on accorde à quelques familles,
en leur imposant en même tems les plus graves
et austères obligations, n'est point une vaine prérogative accordée à quelques familles comme le
patriciat des Romains ou l'ancienne noblesse
féodale ; et bien loin d'être destructrice de l'égalité, elle me semble au contraire en être le ci-
ment, le lien et la garantie , en unissant les citoyens de toutes les classes, de tous les rangs ,
de tous les cultes et de toutes les fortunes, par
l'influence commune de la même émulation , du
même mobile et de la même perspective. Mais
des hommes médiocres viendront siéger en
grand nombre au milieu des pères de la patrie ,
et feront rougir le front des vétérans de la représentation nationale ! Observation à peine spé-
cieuse. Aimez-vous bien mieux que les premiers

magistrats de l'État soient toujours occupés d'assurer dans l'avenir le sort et le rang de leurs familles, que ceux qui doivent les remplacer soient obligés de rechercher constamment les faveurs du Souverain ou du peuple, et que placés dans une position où ils doivent avoir la très-forte espérance, mais non l'entière certitude de parvenir par l'appui de leurs pères à la suprême magistrature, ils aient déjà contracté, pour la plupart, l'habitude de l'intrigue, de la souplesse et de la dissimulation ? et ne préférez-vous pas des hommes destinés dès leur enfance, non à une vaine et futile noblesse, qui n'engageant à aucun devoir n'inspire que l'orgueil et la suffisance, mais à une fonction auguste, grave et délicate, sous les auspices des auteurs de leurs jours et sous l'influence du noble sentiment que nous inspire l'idée d'un grand devoir et d'une respectable vocation sociale ? L'on ne verra que peu de jeunes gens dans la Chambre des Pairs, car la nature bienfaisante n'enlève que rarement les hommes dans la force de leur âge ; et les nouveaux sénateurs, à l'approche du moment douloureux qui les privera de l'appui et de la présence de leurs pères, auront déjà pour la plupart et presque toujours l'avantage d'une étude approfondie, et l'expérience de l'âge mûr. Les

familles favorisées seront d'ailleurs peu nombreuses et ne jouiront pas long-tems de leurs
priviléges, car les descendants directs et mâles
disparaissent assez rapidement, et de génération
en génération la faveur de l'illustration passera
tour à tour dans toutes les classes de la société.
Le courage et l'indépendance distingueront l'immense majorité de la Chambre haute, dès que
leur dignité, transmissible à leurs enfans, per-
mettra à leurs affections domestiques le plus
rigoureux accomplissement des devoirs civiques; et dans l'état actuel de nos mœurs et de
notre société, sous l'influence d'institutions que
l'on peut même regarder comme faisant véritablement la gloire de nos tems modernes et es-
sentielles au bonheur des peuples, mais qui sont
plus propres à favoriser les affections domestiques que les grandes affections nationales, sans
une telle condition, ce ne serait que du petit
nombre seul qu'il serait possible d'attendre des
résultats aussi importants. Combien plus de
sénateurs auraient donné au grand homme rendu
à nos vœux, et non moins illustre maintenant
par ses malheurs que par sa gloire, par son expérience que par son génie, de sages avis et de
courageux conseils; combien plus de Pairs de
France auroient parlé à Louis XVIII de ses de-

voirs, de ses véritables intérêts et de ses pro-
messes, si les craintes de l'amour paternel, l'in-
quiétude respectable sur le rang que leur famille
occupera après eux dans la société , n'avait ar-
rêté chez un grand nombre d'entre eux l'essor
des sentimens patriotiques et le noble élan de la
franchise ! Il faut le dire , et la postérité le répé-
tera après nous, Napoléon en instituant le premier une Chambre des Pairs héréditaire dès sa
création , et qui dès le lendemain de son exis-
tence se dégagera des liens de la dépendance
et de la gratitude , a donné la preuve la plus ir-
réfragable qu'il veut borner son pouvoir en lui
opposant des barrières propres à le combattre
et à le balancer , qu'il ne veut régner que par la
force des lois et dans le véritable intérêt de l'Etat.
La faculté donnée au Souverain dans le projet
de l'Acte constitutionnel, comme dans la Charte
royale de 1814, de nommer les Pairs de France
à un nombre illimité, a donné lieu également à des
observations qui ne me paraissent guère fondées,
et ce n'est pas contre ces prérogatives que les
sages amis des idées libérales avaient réclamé
l'année dernière. Le Souverain de la Grande-
Bretagne a également le droit de nommer des
Pairs d'Angleterre , jusqu'à un nombre énormé-
ment disproportionné à la population des trois

royaumes. Malgré cette faculté, même entièrement illimitée, le Souverain n'a jamais que le
pouvoir de changer la majorité d'une seule
Chambre, et d'empêcher par là, du moins
pendant quelque tems, que la Chambre des Représentants, réunie à un parti considérable dans
celle des Pairs, puisse jamais faire fléchir entièrement l'autorité exécutive sous le poids com-
biné de ces deux pouvoirs. Or, comme il est impossible de prévoir quel est le nombre de nouveaux membres qu'il serait nécessaire de nommer pour parvenir à un pareil résultat, il est indispensable de laisser la faculté de ces nominations dans des bornes illimitées. Mais en vain le
Souverain augmenterait le nombre des membres
de la Chambre haute, ce n'est toujours que dans
cette partie de la Représentation nationale qu'il
augmente une influence momentanée dont l'indépendance résultante de l'hérédité, diminue
encore de beaucoup l'étendue et la certitude. La
Chambre des Représentants, par sa nature, sa
force et sa composition, lui échappe entièrement;
et comme il lui est impossible de parvenir jamais à aucun résultat sans le secours de ces deux
branches du Pouvoir législatif, il est évident
que les dangers monstrueux que l'on suppose
attachés à la prérogative dont je parle sont pu-

rement chimériques, et qu'elle ne peut avoir
que deux résultats véritables : le premier, de
donner au Pouvoir exécutif une garantie qui lui
est nécessaire pour sa tranquillité sans être d'aucun péril pour celle de la Représentation nationale; le second, de laisser perpétuellement aux
citoyens de toutes les classes et de tous les rangs
la certitude que la plus glorieuse distinction
pourra toujours, sans obstacle, sans difficulté et
sans entrave, devenir la récompense des grands
services, des grands talents et d'une éminente et
respectable célébrité. D'ailleurs les places de
membres de la Chambre des Pairs seront, à ce qu'il
paraît, gratuites, et cette sage disposition aura,
entre autres effets salutaires, deux résultats qu'il
faut remarquer ici : le premier, c'est qu'il ne
sera possible d'y nommer que de grands propriétaires, en état de soutenir l'éclat d'un rang
aussi élevé; le second, c'est que la gloire et la
considération devenant la seule récompense
d'une fonction qui entraînera des devoirs aussi
délicats que difficiles, le Souverain en prodi-
guant outre mesure ces augustes nominations,
en détruirait à la fois et le prix et le charme, se
priverait lui-même volontairement du plus puissant véhicule d'influence que la Constitution met
entre ses mains, et commettrait une imprudence,

un acte de souveraine impolitique , dont la con-
naissance si facile de ses plus simples intérêts
nous garantit toujours qu'il saura se préserver.

La Constitution anglaise , la Charte de 1814
et l'Acte additionnel proposé par Sa Majesté ,
s'accordent à confier au Chef du ministère de la
justice , la présidence de la Chambre des Pairs ,
et en son absence à un Président nommé par le
Souverain : stipulation importante , il est vrai ,
mais qui , après quelques moments de réflexions
sérieuses et importantes , doit paraître indispensable pour que cette Chambre , destinée à être
l'intermédiaire perpétuel entre le Souverain et la
Nation, puisse remplir véritablement un but aussi
utile. Dans la Charte de 1814, une réunion de
200 à 300 Députés représentait une Nation de
25,000,000 d'hommes : une réunion de 629 Représentants nous rappellera ces nombreuses et
énergiques Assemblées Nationales où brillèrent ,
dans les premiers moments de la Révolution ,
tant de talent , de courage et de patriotisme ,
qui , malgré les excès et les égarements auxquels
les portèrent la funeste et inviolable nature des
choses, des passions et de la nécessité, laisseront
dans l'histoire tant d'imposants et de glorieux
souvenirs , et auxquels peut-être , pour parvenir
à une tendance tempérée et à de sages et heureux

résultats, il ne manquait que d'être arrêtées dans leur marche et dans leurs actions par le frein d'institutions intermédiaires fortes et durables. La condition de l'âge de 40 ans éloignait du sanctuaire des lois cette jeunesse courageuse et dévouée dont les fastes de la Révolution ont attesté, dans un grand nombre d'occasions, l'énergique et noble indépendance, à côté d'un seul et effrayant exemple d'une froide et précoce férocité. Les successeurs et les émules des Barnave, des Lameth, des Beauharnais, des Lafayette, des Pusy, des Dumolard, des Camille-du-Moulin, des Ducos et des Fonfrede feront entendre leur éloquence vierge et pathétique dans la même enceinte où retentiront les graves accents de la sagesse et de l'expérience. Les artistes, les hommes de lettres, les militaires, les avocats ne seront pas en grande partie privés de l'avantage d'entrer dans la Représentation nationale par la condition d'un énorme revenu, supportable en Angleterre où l'industrie et le commerce sont des sources de richesses pour toutes les classes de citoyens, mais qui en France ne saurait être exigé sans de grands inconvénients et de grands dangers de la totalité des Représentants. Une Assemblée aussi nombreuse et composée en partie d'hommes qui ne tiennent encore à l'État ni par les liens d'une

famille confiée à leurs soins, ni par les liens puis-
sants et délicats de la propriété, qui trouvent et
dans leur profession, leurs talents et leur moralité,
les garants de leur indépendance, échappera toujours à toute espèce d'influence ministérielle. Cette
influence ne saurait être augmentée par la nomination, toujours très-peu considérable, de membres de l'une ou l'autre Chambre à des fonctions
ministérielles. Cette cumulation indispensable
d'ailleurs pour l'ordre et la marche des délibérations, examinée avec impartialité, paraît présenter des avantages réciproques ; car si l'on peut
supposer que tel membre de l'une ou de l'autre
des Chambres, revêtu d'un caractère ministériel,
aura à ménager la faveur de la Cour ou du Souverain, on peut je crois supposer avec tout
autant de fondement que tel Ministre ou Con-
seiller d'État revêtu du caractère de Représentant, croira devoir ménager l'opinion et les suffrages de ceux qui ont été ses commettants ou qui
pourraient le devenir, qu'il mettra dans ses discours et sa conduite une prudence, une impartialité et une délicatesse que peut-être on ne pourrait pas toujours attendre d'hommes revêtus uniquement de fonctions purement ministérielles.
Dans la Charte de 1814 le Roi nommait le Président de la Chambre des Députés sur une pré-

sentation de cinq candidats, au milieu desquels il lui était facile de parvenir à faire désigner au moins un seul homme de sa convenance sur lequel son choix tombait infailliblement. La nomination d'un Président soumise à l'approbation du Souverain, comme en Angleterre celle de l'orateur de la Chambre des Communes, n'est qu'une simple formalité que la convenance et l'harmonie des pouvoirs semblent exiger, qui ne pourra jamais, sans les plus grands dangers, être refusée ou même suspendue, et qui laissera à l'homme choisi par les Représentants toute l'extension d'un véritable caractère national (1). La publicité des séances des deux Chambres, le renouvellement total tous les cinq ans, le nombre bien plus considérable de Députés nécessaires pour entraîner la formation d'un Comité secret, l'obligation constante de la publicité des votes et des délibérations forment autant d'avantages qui assurent la supériorité de notre nouveau pacte constitutionnel.

Le droit toujours dangereux à exercer de dissoudre la Chambre des Représentants dans les cas extraordinaires, se trouve non-seulement consacré dans la Constitution anglaise, comme

----

(1) Voyez les notes à la fin des Observations.

il l'était dans la Charte royale de 1814, il se trou-
vait également dans la Constitution proposée
l'année dernière par le Sénat. Je ne me rappelle
pas qu'aucun publiciste, partisan d'une monarchie constitutionnelle, en ait jamais contesté
la nécessité, et les plus célèbres d'entre eux
ont démontré jusqu'à l'évidence l'utilité de la
laisser, pour certains cas, entre les mains du
chef du Gouvernement; mais j'avoue qu'en songeant à l'obligation imposée de convoquer
une autre session à une époque justement assez
rapprochée pour laisser la possibilité de la convocation des Assemblées cantonnales et des Colléges électoraux, à la faculté laissée à la Nation de
revêtir de nouveau des marques de sa confiance
tous ceux de ses Représentants qu'elle n'aura pas
jugé dignes de la perdre, à l'impossibilité où se
trouve le Souverain de faire en attendant de nouvelles levées, d'asseoir de nouveaux impôts, d'obtenir de nouvelles lois, de faire aucune session
ou aucun échange de territoire, j'ai de la peine à
concevoir les dangers que peuvent voir à une
prérogative dont la privation pourrait en de certains moments devenir si funeste en conséquences,
les plus ombrageux et ardents amis de la liberté
et de l'indépendance nationale.

Mais c'est l'initiative et la discussion des lois

qui forment la partie véritablement essentielle de l'organisation législative. Depuis l'époque mémorable du 18 brumaire, où, pour la première fois, dans une de nos Constitutions, le Pouvoir exécutif fut investi de l'initiative des lois, il n'en a point été dessaisi parmi nous. Le Tribunat exerçait encore jusqu'à un certain point une sorte d'initiative; depuis elle est restée entre les mains du Gouvernement, d'une manière tout-à-fait exclusive. D'immenses travaux, dont le Gouvernement seul connaissait l'origine, la suite, et possédait les documens, le justifie d'avoir voulu pendant ces premiers tems garder entre ses mains cette prérogative essentiellement populaire; mais le Gouvernement royal la conserva d'une manière presque tout aussi exclusive, sans y avoir les mêmes titres. Le Sénat avait proposé l'année dernière d'abandonner l'initiative des lois à la Chambre des Députés, de ne laisser au chef du Gouvernement que le droit de les faire proposer indirectement par ses Ministres, lorsqu'ils font partie de cette Chambre, et d'éveiller l'attention des Représentants sur les mesures auxquelles il importait de se résoudre; la sanction appartenait à l'une ou à l'autre des Chambres, et au Souverain en dernier lieu. C'est aussi le système de la Constitution anglaise, et peut-être est-ce à cet admirable équilibre des pouvoirs, qui de cette manière se soutiennent, se balancent, se pondèrent sans jamais s'entrechoquer et se combattre directement, que cette Constitution doit le principe de sa véritable force, de sa durée et de sa sagesse. Le mode de discussion des lois dans nos deux Chambres, ne différera pas de beaucoup de celui dont je viens de présenter les avantages. Les Ministres et les Conseillers d'État, qui sans doute feront presque toujours partie de la Chambre des Députés, proposeront probablement, en leur propre nom, les projets de lois et de finances ; et les propositions qui seront faites par les Membres de l'une ou l'autre Chambre, et qui dans la Charte de 1814 ne pouvaient avoir lieu qu'en Comité secret, seront soumises, après une discussion publique, à leur sanction réciproque, et à l'assentiment de Sa Majesté (2). Sous une forme un peu différente, la marche paraît donc être la même, et les heureux résultats doivent l'être également. Il est dans l'Acte additionnel un article qui semblerait purement réglementaire, et dont je ferai le sujet d'une observation. Je veux parler de l'article qui interdit dans les discussions des deux Chambres la lecture des discours écrits. Bien loin d'être illibérale et entravante, cette disposition

est l'ouvrage et la proposition des plus sincères
amis de la liberté. Rien de moins national et de
moins populaire, rien de plus favorable à l'accomplissement presque continuel des vœux du
Gouvernement, que cette suite de discours com-
binés, préparés, encouragés, qui répondent
d'avance à des objections prévues, sans laisser
la possibilité de les réfuter avec succès, qui se
suivent sans-se détruire, excellents pour faire
des éloges et des panégyriques, mais on ne peut
pas moins convenables pour des discussions sincères et approfondies, et que M. Benjamin Constant comparait, avec autant d'esprit que de vérité,
à une suite de bataillons qui défilent en parade
les uns devant les autres sans se combattre et
se heurter. Rien aussi de plus juste que les excep-
tions portées à cette disposition en faveur des
rapports des Commissions et des propositions
des Ministres. Mais une nouvelle exception me
paraît indispensable en faveur des premières propositions émanées de quelques-uns des Membres
qui composeront les deux Chambres. Il est évident
qu'en les faisant, les Orateurs doivent développer
leurs motifs avec toute l'étendue possible; en tra-
vaillant uniquement sur le fond de leurs propres
idées, ils n'ont à apprécier ni à combattre les
idées d'aucun adversaire. Il doit être permis,

il est même juste, utile et nécessaire que ces premières propositions, livrées ensuite à une discussion libre et spontanée, soient d'abord développées avec l'étendue et l'importance convenables au sujet, et cet article si utile est d'ailleurs plus réglementaire que constitutionnel.

La nomination de tous les Présidents des Colléges Electoraux, dans la Charte de 1814, était non-seulement déférée au Roi, mais il pouvait nommer des Présidents qui, par-là même, devenaient Membres de ces Colléges. D'après l'Acte additionnel de 1815, la Présidence des Colléges Electoraux des Départements, composés d'une partie des plus grands propriétaires, est déférée à des Pairs de France désignés à vie par l'Empereur, pour l'exercice de cette Présidence, et doublement indépendants par l'inamovibilité de leur caractère principal et celle de leur fonction accessoire. La Présidence des Colléges Electoraux d'Arrondissement, appelés concurremment à la formation de la Chambre des Représentants, est accordée à des Membres choisis dans le sein de ces Colléges, par les Electeurs du Département. La Constitution proposée l'année dernière par le Sénat, accordait, il est vrai, aux Colléges Electoraux le droit de nommer eux-mêmes leurs Présidents; mais cette disposition, quoique loua-

ble dans son principe, me paraît porter l'em-
preinte de la précipitation avec laquelle les plus
impérieuses circonstances avaient forcé de rédi-
ger cet estimable travail. Faute d'un Président
nommé extérieurement, un choix aussi important
deviendrait, dès les premiers moments de la réunion des Assemblées Electorales, un germe de
discussion et de partialité entre les Membres qui
les composent, germe qui influerait ensuite d'une
manière très-fâcheuse sur l'harmonie et l'esprit
des choix importants qu'ils sont appelés à faire,
et l'influence qu'un Président peut exercer sur
ces nominations, est d'ailleurs entièrement nulle
dans des Assemblées aussi nombreuses et com-
posées d'élémens aussi difficiles à réunir et à
coordonner. Le choix des Secrétaires et des
Scrutateurs, abandonné au choix des Colléges,
doit achever de tranquilliser sur l'indépendance
et la liberté de leurs opérations (5).

La Présidence inamovible des Assemblées
Cantonnales reste et doit rester également à la
nomination de Sa Majesté, d'après les ancien-
nes Constitutions subsistantes. J'ai dit que la
Charte de 1814 gardait un silence complet sur
la composition et l'objet des Assemblées Cantonnales, c'est-à-dire, Primaires, sur la composition des Colléges Electoraux, la formation

des Conseils Généraux de Département et d'Arrondissement. Les précédents Actes Constitutionnels ne laissent aucun vague sur ces dispositions fondamentales. Des Candidats sont présentés à la nomination du Souverain, par les Assemblées Cantonnales et Electorales, pour les places de Municipaux et de Juges de Paix, de Conseillers de Département ou d'Arrondissement. J'avoue que la nomination directe des Maires, Adjoints et Conseillers Municipaux, par les Assemblées Cantonnales, avec l'assentiment convenable à exiger de Sa Majesté, pour la nomination aux places de Maires des principales villes du Royaume, des Juges de Paix, de leurs Suppléans, de leurs Assesseurs; la nomination des Membres de Conseils Généraux de Département ou d'Arrondissement par les Colléges Electoraux de l'une et l'autre espèce, me paraissent être non-seulement dans l'intérêt du peuple, qui est si bien à même de connaître les hommes en état de pourvoir à ces premiers et plus simples besoins administratifs; elles me paraissent en même tems si bien en rapport avec une Constitution qui accorde aux Colléges Electoraux le droit de nommer directement les Représentants de la Nation, que je suis persuadé qu'on saisira la première occasion favorable et légale pour donner ainsi à ce Code le dernier degré de justice, d'harmonie et de popularité.

La liberté individuelle, la liberté de la presse, qui en est le palladium, l'indépendance et en même tems la stabilité de l'ordre judiciaire, la responsabilité des Ministres (4), trouvent dans notre nouveau Code constitutionnel des garanties qui ont été l'objet de tous les éloges et des suffrages les plus unanimes. La liberté, l'égalité même des cultes est assurée à jamais. Des hommes profondément hypocrites ou d'intolérants fanatiques, ont desservi parmi nous la cause de la Religion et de ses autels. Mais à présent que les autels de la tolérance et de l'humanité sont rétablis sous les auspices de la concorde et de la sagesse, le Français ne portera pas la main destructrice du mépris ou de l'indifférence sur le lien enchanteur et consolant qui unit par les chaînes d'une encourageante espérance, l'avenir aux souvenirs du passé, aux peines et aux jouissances du présent. Les priviléges d'un culte dominant ont disparu sans retour, mais le respect d'une philosophie véritable, les scrupules d'une noble délicatesse, entoureront toujours les cérémonies extérieures et les augustes solennités de tous les cultes, de ces marques de considération et de déférence qui leur sont una-

nimement accordées par les Gouvernements les
plus philantropiques, que l'on retrouve chez les
Peuples les plus libres et les plus sages, et qui
sont à la fois les causes et les symptômes de
leur force, de leur morale et de leur bonheur.

Je crois avoir donné une analyse et un exa-
men impartial du Code politique proposé par
Sa Majesté à l'acceptation des Français. Beaucoup de personnes auraient désiré qu'il parût
une nouvelle Assemblée Constituante, pour
discuter solennellement cet Acte constitutionnel, avant qu'il soit soumis à l'acceptation du
peuple ; mais je le demande aux hommes sincères, que pourraient ajouter nos nouveaux Man-
dataires à ce qui a été dit dès 1789 sur l'importance d'une Chambre haute héréditaire, ou à
ce qui a été dit contre cette hérédité par des
patriotes éclairés, qui sentaient, pour la plupart,
combien une telle institution était utile, mais qui
envisageaient aussi qu'il était impossible alors de
la composer d'une manière convenable à la cause
du peuple et au triomphe d'une révolution non
encore consolidée ? Ou bien est-il possible d'a-
jouter de nouveaux motifs à ceux qui lors de la
discussion de l'Acte constitutionnel de 1795 ont
été allégués en faveur de l'indispensable établis-
sement des deux Chambres, et qui furent dé-

veloppés à la tribune de la Convention nationale, ou bien aux lumières répandues sur une
foule d'autres et importantes questions constitutionnelles par de célèbres publicistes ; et Sa Majesté en présentant un nouveau Code constitutionnel à l'acceptation du peuple français n'était-
elle pas entourée de tous les matériaux et de
toutes les lumières nécessaires pour lui donner
le caractère de la convenance, de l'expérience et
de la sagesse ? Mais je veux bien croire que dans
des tems ordinaires une nouvelle assemblée constituante aurait été dans une occasion si solennelle
conforme aux désirs et aux vœux de la Nation,
et qu'elle l'aurait vue avec une satisfaction qu'elle
a droit d'attendre, d'espérer et d'obtenir. Nous
aurions entendu une nouvelle génération d'orateurs, de politiques et de philosophes répéter
avec les charmes et les prestiges d'une éloquence
séduisante, les résultats des méditations et de l'expérience de ses illustres devanciers ; mais quel
est le moment où l'on s'obstinerait à une pareille
idée, et où l'on voudrait s'exposer à parcourir de
nouveau les phases successives d'une révolution
heureusement terminée ? C'est quand une formi-
dable coalition semble se préparer à marcher
contre nous ; quand il est des hommes qui en invo-
quant un Dieu de paix, veulent de nouveau faire

couler les flots du sang français; quand au milieu
de nous un parti bien faible à la vérité, mais capable
de se couvrir de tous les masques, épie avec ar-
deur le moment où à la faveur de dissensions,
qu'au milieu de si graves discussions politiques,
il ne sera pas difficile et de faire naître et d'enve-
nimer, ils pourraient encore de nouveau nous
gouverner. Français, vous savez comme ils gou-
vernent ! Non, nos ennemis ne remporteront pas
ce triomphe ! nous pourrons enfin jouir sous un
Monarque fort de notre propre force, de sa
gloire, de son génie, de ses malheurs et des
nôtres, d'une constitution monarchique, tempérée et libérale, sans passer de nouveau par
les tristes vicissitudes de ces troubles politiques
et civils dont nous sommes maintenant à même
de recueillir les fruits difficiles et les pénibles
avantages. Si l'Europe nous force à sortir d'un
repos qui, depuis que nous sommes rendus à la
dignité nationale, n'est plus que celui de la force
et de la modération, quel prodige n'opérerait
pas un levier aussi puissant que la France mise
en mouvement par un vaste génie militaire et sou-
levant le poids des indignations populaires dans
l'Italie, l'Allemagne, la Pologne et les Pays-Bas?
Appuyés sur ceux qui bientôt peut-être seront

devenus nos alliés naturels, les peuples ancien-
nement civilisés de l'Europe, il nous serait facile
de retrouver ces limites que la nature semble
nous avoir données. Alors nos souvenirs, notre
gloire et nos monuments, qui tous se rattachent
aux époques glorieuses qui semblent avoir
fait de nous un peuple nouveau, se dépouil-
leront du voile d'opprobre que nous avait
imposé l'abaissement et l'humiliation nationales.
L'enthousiasme et l'admiration produiront les
inspirations des arts et du génie, car ce n'est
qu'au milieu des monuments et des souvenirs de
leur propre gloire politique et d'une gloire
avouée par leurs passions, leurs goûts et leurs
préjugés, que les peuples s'élèvent aux nobles
élans et aux conceptions sublimes. Alors des faits
immortels qu'il est permis d'apprécier publiquement trouveront parmi nous des lyres pour
les chanter, des burins pour les célébrer au Temple
de mémoire, et à côté des guerriers conduits
naguère à la victoire par des illustres capi-
taines, comme les Condé et les Turenne, par
un héros grand dans la guerre comme Alexandre
et César, les poëtes, les orateurs et les philosophes
d'un siècle immortel trouveront des émules qui
en se frayant des routes nouvelles, uniront par

des liens indestructibles la gloire de leur propre
génie à la gloire de leur Nation , et joindront
à de justes droits à l'admiration , les doux suffrages de l'humanité (5).

NOTES.

(1) J'avoue cependant que la présidence d'un seul
Représentant pendant une session de cinq années me
paraît sujette à quelques inconvénients, et peut-être
aurait-on pu laisser proposer à l'Empereur un nouveau
Président indéfiniment rééligible pour chaque convocation des deux Chambres. Il me paraît aussi utile de
consacrer le privilége que ces deux Chambres doivent
avoir de nommer exclusivement tous leurs autres offi-
ciers.

(2) Le droit de faire des amendements au projet de
loi proposé par le Gouvernement achève de donner aux
deux Chambres une véritable initiative : car on sait
combien il est facile de faire, par des amendements,
d'un projet de loi proposé, un projet véritablement nouveau. On s'élève contre l'obligation imposée aux Chambres de voter sur les projets de loi tels qu'ils ont été
proposés quand les amendements ne sont pas agréés.
Mais il me semble qu'il était indispensable de se résoudre
à cette stipulation constitutionnelle, à moins de revenir
au système de sanction directe de la part de l'Empereur,
qu'on a voulu éluder, et si l'on ne veut pas, d'une manière contraire au système du concours nécessaire des trois
pouvoirs, forcer le Gouvernement à exécuter des mesures
contraires à son intention en lui faisant agréer, contre
sa volonté, un projet de loi dont il aurait proposé le principe, mais dont les amendements qui lui sont étrangers
auraient entièrement changé la nature et les éléments.

(3) Les nominations généralement sages qui viennent d'avoir lieu dans les Colléges Electoraux, chargés cette fois du choix de leurs Présidents, semblerait contredire cette opinion et devoir dissiper la crainte sur laquelle elle est fondée. Mais une seule expérience, dans un moment où tant d'intérêts et de nécessités commandaient la sagesse et l'union, ne me paraît pas être d'un poids suffisant. Il me semble d'ailleurs bien essentiel de donner à la Chambre des Pairs, d'un côté, et aux Colléges Electoraux des Départemens, de l'autre, quelques attributions spéciales; et celles dont il s'agit étant à peu près les seules qui leur sont réciproquement accordées, il me paraît bien utile de les conserver.

(4) Une participation plus directe des deux Chambres aux questions de la paix et de la guerre, nuirait évidemment à l'activité nécessaire aux opérations militaires, et au secret impénétrable qui doit accompagner les négociations diplomatiques. Le système de n'accorder au Pouvoir législatif que le droit de refuser au Gouvernement des hommes et de l'argent, non-seulement existe dans la Constitution anglaise, il était, je crois, adopté aussi dans la Constitution royale de 1791, qu'on n'accusera cependant pas d'avoir été trop absolue, et dans la Constitution républicaine de 1795, dans laquelle le Directoire Exécutif, par cela même qu'il avait des attributions si bornées, passa tour à tour des proscriptions les plus déplorables aux bouleversemens les plus subits.

(5) Cette lettre au rédacteur du Moniteur a été envoyée à ce Journal en même tems que mes Observations; elle devait, comme on le voit, les précéder dans l'insertion; déjà même la composition en était faite

et les épreuves préparées. Le tems et les événements ont rendu les deux insertions impossibles. Je me fais un devoir de faire reparaître ici cette lettre, que je ne crois pas inutile, pour détruire l'effet d'un article qui a fait quelque impréssion, qui a paru dans le Journal Général, il y a environ une quinzaine de jours, et que j'invite ceux qui voudraient bien m'honorer de quelque attention, à rechercher et à relire.

« En attendant que vous donniez une place dans votre journal, aux Observations générales que je vous ai adressées sur l'Acte additionnel aux Constitutions de l'Empire et sur nos circonstances politiques, permettez-moi quelques observations particulières sur un article qui a paru hier dans un journal, dont j'estimais souvent, dans le cours de 1814, l'impartialité constitutionnelle, dont j'aime encore actuellement le ton de franchise et de liberté, alors même que je partage le moins les opinions qu'il professe. Il en est ainsi précisément, de celle exprimée dans l'article dont je viens de parler, et qui est relative à l'Acte additionnel du 22 avril dernier. Je laisserai de côté les réflexions générales par lesquelles l'auteur entre en matière, et sans examiner même si elles ont ou non quelques rapports aux circonstances dans lesquelles nous nous trouvons actuellement. La publication d'idées libérales et indépendantes me paraît toujours une chose si utile, que je la vois avec une véritable satisfaction, lors même que l'application en est évidemment vicieuse. C'est donc à défendre plusieurs des points fondamentaux de l'Acte additionnel aux Constitutions de l'Empire que je m'attacherai dans cet article, et je crois qu'il suffira, pour cela, de citer quelques dispositions des Sénatus-Consultes non abrogées, qu'il est facile de rechercher, et qui, réunies au nouvel Acte additionnel, formeront sans doute bientôt un ensemble inséparable. Les publicistes les plus éclairés, parmi lesquels M. Benjamin Constant, souvent cité dans l'article dont je parle, tient un rang si distingué, s'accordent tous à regarder la propriété comme une des garanties les plus importantes et les plus certaines que l'Etat puisse exiger de la part des individus dans les rapports fréquents qui les rapprochent les uns des autres, et comme un des éléments essentiels dans la composition des élections populaires et la formation des assemblées représentatives. Rien de plus juste et de mieux démontré que ce principe, sujet, selon les circonstances et les localités, à de plus ou moins grandes modifications, et nos constitutions précédentes l'ont en partie consacré. Le droit de voter dans les assemblées cantonnales ou primaires est subordonné à l'exercice du droit de citoyen actif. Pour exercer ce droit, il est nécessaire de n'être ni en état de faillite, ni en état de jugement, ni en état de domesticité. Il faut avoir un domicile, une résidence fixe et déterminée, et payer à l'Etat une contribution mobiliaire quelconque. La condition de l'indépendance, si judicieusement exigée par M. Benjamin Constant, pour l'exercice du droit de cité, dans son excellent ouvrage sur les Constitutions, publié au commencement de l'an 1814, se trouve donc suffisamment remplie dans nos statuts constitutionnels. L'importance de la propriété n'y est pas moins prise en considération; les Colléges Electoraux des départements sont composés, comme l'on sait, d'une partie des citoyens les plus imposés en contributions foncières , et concourent, avec les Colléges Electoraux d'arrondissements, à la nomination des Représentants ; ils ont de plus des attributions spéciales et importantes. Chargés de nommer des Représentants commerciaux et manufacturiers sur une liste d'éligibles , dressée par les Chambres de Commerce et Consultative réunies , ils le seront de plus de la nomination des Présidents des Colléges Electoraux d'arrondissements ; la prépondérance qu'une pareille prérogative donne à la classe des propriétaires , me paraît de toute évidence. Les non-propriétaires , il est vrai , peuvent être portés aux Colléges Electoraux d'arrondissements , et , par le choix des Colléges Electoraux , à la Chambre des Représentants ; mais si les conditions de propriétés et de revenus pouvaient être généralement exigées pour les Représentants , en Angleterre , où le commerce et l'industrie ouvrent pour toutes les classes de la société des sources abondantes de prospérités et de richesses , il n'en est point ainsi en France. L'avocat , l'homme de lettres , les militaires distingués , l'artiste et le diplomate n'ont que rarement , parmi nous , le moyen d'acquérir des propriétés , et le tems de parvenir à une fortune considérable ; ils ne peuvent cependant être frustrés du droit de recevoir les témoignages de l'estime et de la confiance de leurs concitoyens.

Du reste, une assemblée de Représentants, composée en grande majorité de non - propriétaires, animés en grande partie du désir d'acquérir, présentent, j'en conviens, des inconvénients pareils à ceux d'une assemblée de grands propriétaires qui ont intérêt à augmenter et conserver, si d'ailleurs cette assemblée était unique, sans barrière et sans contrepoids ; mais en songeant à la préférence naturelle que les Colléges électoraux de département donneront dans leurs choix aux grands propriétaires qui se trouvent dans leur propre sein, à l'influence qu'ils exerceront quelquefois sur les choix des Colléges d'arrondissement, à la représentation accordée à l'industrie manufacturière et commerciale, à la force du pouvoir exécutif, à l'indépendance de la Chambre des Pairs, à toute notre organisation constitutionnelle, j'avoue que j'ai quelque lieu de m'étonner de ce que des craintes pareilles à celles énoncées dans l'article dont il est question aient pu être faites de bonne foi par des hommes aussi éclairés. L'objection mise en avant contre la trop grande jeunesse, ne me paraît pas plus fondée. On accuse assez communément les jeunes gens d'exagération et de légèreté ; quand l'instruction et une éducation morale leur ont donné l'amour de la véritable gloire, c'est bien plutôt d'enthousiasme et de dévoucment qu'ils sont capables ; l'intérêt d'une famille confiée à leur soin, ne saurait combattre en eux une généreuse abnégation personnelle. C'étaient en grande partie des jeunes gens que ces éloquents modérés qui, après avoir été les apôtres de la liberté, s'ensevelirent sous le char sanglant de la Révolution, et ces nobles et courageux conventionnels qui périrent pour la cause de la patrie et de l'humanité. D'ailleurs les mêmes réponses se présentent ici aux mêmes objections : une assemblée unique, composée de jeunes gens, présenterait sans doute les plus grands dangers ; mais l'équilibre des pouvoirs est là pour arrêter l'essor de l'enthousiasme et de l'irréflexion ; il est plus

que probable qu'il faudra de grands talents et d'émi-
nentes qualités civiques pour contrebalancer dans les
élections la juste déférence que l'on aura toujours pour
la maturité de l'âge et la garantie des propriétés. Les
réflexions de l'article sur l'initiative des Représentants
m'ont paru les plus spécieuses; l'un des principaux
comme des plus judicieux et estimables rédacteurs du
Journal Général, doit savoir toute l'importance que
j'attache à cette prérogative essentiellement populaire,
s'il se rappelle une conversation que j'ai eu l'honneur
d'avoir avec lui quelques jours après l'entrée de S. M.
dans la capitale. J'irai même plus loin que l'auteur de
l'article que je réfute, et je pense qu'il serait à désirer,
pour l'harmonie et l'équilibre des pouvoirs politiques,
que presque jamais un projet de loi ne soit présenté à
la Chambre des Représentants comme émanant directement du Souverain, et que la Chambre des Pairs
s'interposât autant que possible entre le vœu des Représentants de la nation et l'opinion du Gouvernement. Mais
rien ne s'oppose à ce résultat d'après notre nouvelle organisation constitutionnelle; l'initiative appartiendra
non précisément au Souverain, mais au Gouvernement;
des Ministres responsables, des Ministres et des Conseillers d'État qui presque tous seront membres de l'une
ou de l'autre Chambre, pourront, en leur propre nom,
proposer des projets de lois, et ces lois pourront être
également présentées par la Chambre des Représentants et celle des Pairs, et proposés publiquement (et
non pas seulement en comité secret comme dans la
Charte de 1814). Il est vrai que le Gouvernement n'est
point obligé d'accueillir le vœu des deux Chambres;

mais en leur accordant une initiative directe, il faudroit
laisser au pouvoir exécutif le privilége incontestable de
la sanction. L'initiative des lois existe donc dans la
Représentation nationale, comme en Angleterre et
comme dans la Constitution proposée l'année dernière
par le Sénat, à un petit détour près, qui mettra dans
les rapports de nos différents pouvoirs politiques entre
eux, des ménagements sans dangers, et exigés peut-être
par les convenances et le caractère national. Je le dis à
regret, parmi toutes les assertions contenues dans l'article que je viens d'examiner, une seule me paraît véritablement fondée, je veux parler des justes éloges don-
nés à M. Benjamin Constant. L'auteur de l'article dit
que cet estimable écrivain homme d'état est invariable
dans ses théories : il l'est aussi dans sa conduite et dans
ses actions ; l'éloquent et courageux défenseur de la
liberté nationale, des idées libérales et des garanties
constitutionnelles n'a fait qu'agir d'une manière conforme à ses principes, en se ralliant à un Gouvernement
qui les consacre et les proclame, et qui veut maintenant
réunir toutes les sortes de légitimités à toutes les sortes
de gloire.

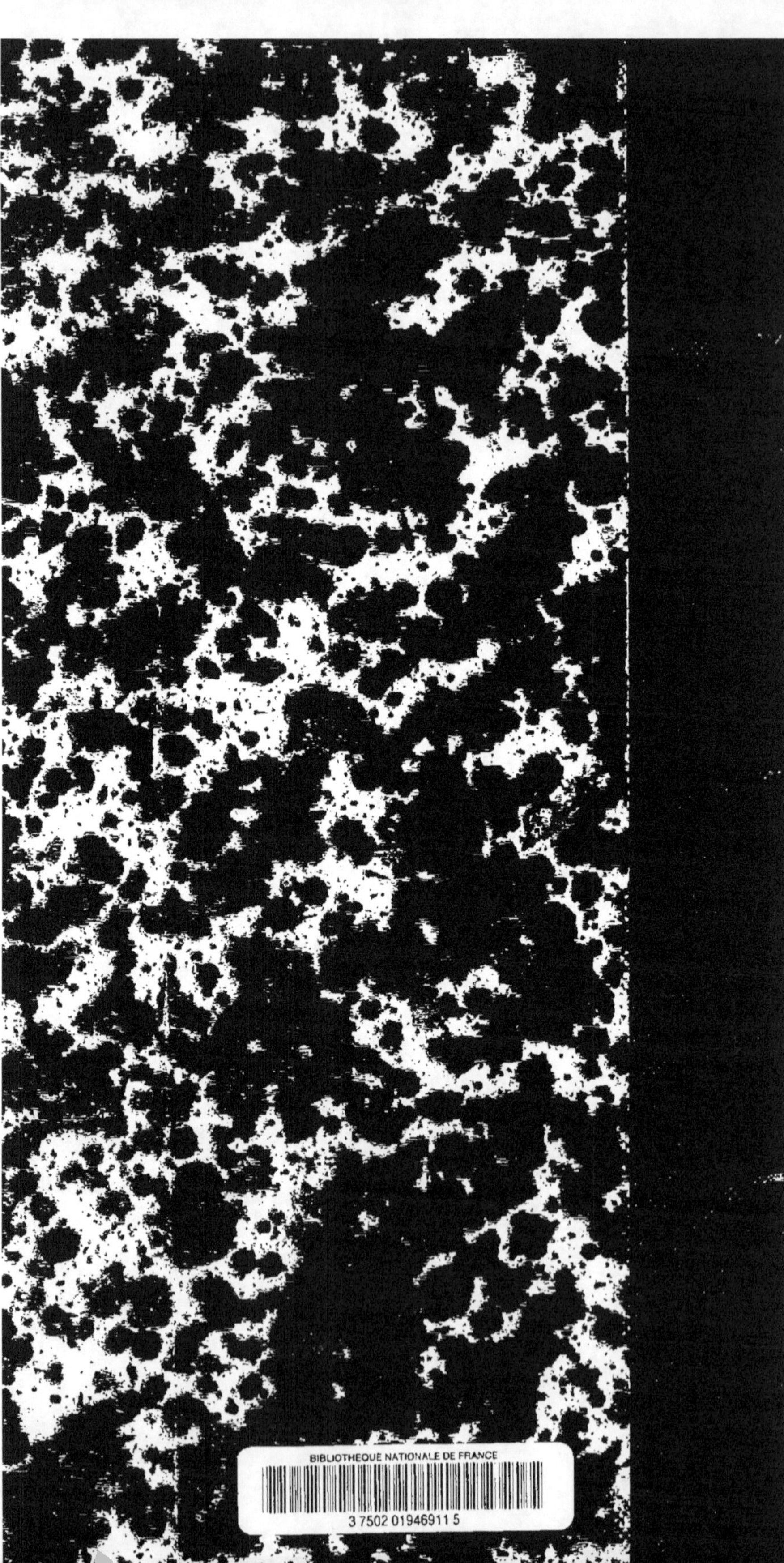